Les Chansonniers Populaires

VILLEMER ET DELORMEL

ÉTUDE BIOGRAPHIQUE

Édition ornée de Portraits

PARIS

IMPRIMÉ PAR L. HUGONIS

19, PASSAGE VERDEAU

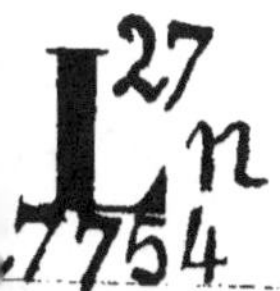

VILLEMER ET DELORMEL

ÉTUDE BIOGRAPHIQUE

Édition ornée de Portraits

PARIS

IMPRIMÉ PAR L. HUGONIS

19, PASSAGE VERDEAU

AU LECTEUR

En te voyant si empressé et si bienveillant, si sympathique et si enthousiaste, devant ces productions où l'esprit et le cœur sont de moitié, nous avons pensé qu'il te serait agréable de connaître ceux dont les œuvres excitent ta gaîté ou font naître ton émotion, et nous avons esquissé à ton intention le portrait-biographie de deux nouveaux venus dans la lice chansonnière et rapidement passés maîtres; leurs noms presque inséparables et cent fois acclamés sont aujourd'hui synonymes de patriotisme et de succès.

La chanson est de tous les temps et de tous les pays, mais elle est essentiellement française. Voltaire et Rousseau ont constaté notre supériorité dans cet art : *l'humeur chansonnière* est un des caractères de la nation française.

Le temps et l'espace nous manquent pour essayer une monographie de la Chanson : les noms seuls de tous ceux qui l'ont illustrée et qu'elle a rendu célèbres, rempliraient un volume.

C'est d'abord le baron de Blot, surnommé *Blot l'esprit*, qui fit la plupart des couplets satiriques de la Fronde et les *Mazarinades* dont Mme de Sévigné disait qu'elles avaient *le diable au corps* ; puis Lambert, Benserade, l'abbé Perrin, de Linière, Boursault, Du Fremy, etc., etc.

Après le règne de Louis XIV, la Régence vit éclore beaucoup de chansons dans le ton de cette époque licencieuse ; le règne de Louis XV et celui de Louis XVI en virent pleuvoir un déluge, et si *la Carmagnole* et le *Ça ira*, hurlés dans les carrefours, vinrent contrister notre idole, *la Marseillaise*, de Rouget de l'Isle, et le *Chant du Départ*, de M. J. Chénier, chantés à la frontière en face de l'ennemi, ne tardèrent pas à rasséréner les fronts et les cœurs véritablement français.

A Lattaignant, Crébillon fils, Gentil Bernard, Vadé, Boufflers, Favart, Piron, Galles, Panard et Collé qui, les premiers, se parèrent avec un légitime orgueil et sous la monarchie, du titre de chansonniers, succède la pléiade nombreuse des chansonniers de la République, de l'Empire et de la Restauration : Laujon, Barré, Radet, Du Paty, Du Mersan, Pain, Brazier, Gouffé, Rougemont, Etienne, Emile Debraux, Gustave Mathieu, etc., etc.; j'en passe et des meilleurs.

Enfin, Béranger, cette gloire si pure, ce maître dont l'art dépasse celui d'Horace et de Lafontaine, puis Pierre Dupont, le véritable chantre du Peuple.

Aujourd'hui, le *Caveau*, cette Académie de la Chanson, qui a choisi pour président honoraire Jules Janin, compte parmi ses membres nos plus grandes célébrités du couplet, Clairville, Grangé, Nadaud, Vincent, Saint-Germain, etc., etc.

Mais le véritable Temple de la Chanson, c'est actuellement le Café-Concert.

Pour n'en citer qu'un, celui qui a nos préférences, l'*Eldorado*, que son habile directeur a su mettre hors ligne, c'est par centaines que se chiffrent annuellement les œuvres de toute sorte, opérettes, duos et chansons qui y sont interprétés par une troupe d'élite recrutée parmi les premiers sujets de nos théâtres de genre.

N'oublions pas que c'est à l'*Eldorado* que se sont produites ces œuvres empreintes d'un patriotisme si élevé et d'un sentiment si pur et si tou-

chant, signées Villemer et Delormel, et que c'est
au goût éclairé de M. Renard, directeur intelli-
gent, derrière lequel modestement le littérateur
s'efface, que le public doit de connaître et d'appré-
cier nos deux sympathiques poètes et vaillants
frères d'armes.

JULES RUEL.

VILLEMER

VILLEMER

—

Allez, mes vers, courez vers la mansarde,
Portez à tous l'espoir et la gaîté !
Fils du progrès, marchez à l'avant-garde
Des bataillons de la fraternité. —
Pleurez les deuils de la France meurtrie,
Allez servir d'Évangile aux enfants,
Enseignez-leur l'amour de la Patrie
    Et la haine des Allemands. —

VILLEMER

« Mes yeux n'auront jamais assez de larmes pour
    pleurer les malheurs de ma patrie. »

Les cuirasses de fer de nos escadrons martyrs n'étaient pas encore
rouillées dans les champs de Frœschwil-
ler le laboureur osait à peine pous-
ser sa charrue dans les plaines ; tous
les cœurs étaient encore battants, tous

les yeux humides au souvenir de ces vaillants qui s'en étaient allés chercher la mort au galop de leurs chevaux, quand Villemer popularisa la mémoire de cette charge héroïque, dans ce refrain qui courut alors toute la France comme un souffle brûlant et fit frissonner ses enfants de douleur et de fierté :

« Voyez là-bas, comme un éclair d'acier,
« Ces escadrons passer dans la fumée,
   « Ils vont mourir. . . . .

   « . . . . , ...

Les Cuirassiers de Reischoffen furent donc la première œuvre du jeune chansonnier. — *Alsace et Lorraine* suivit. L'Eldorado a gardé le souvenir des applaudissements frénétiques qui accueillirent Madame Chrétienno, le soir où, pour la première fois, elle entonna cette *Marseillaise* de la revanche.

Imagination ardente, âme passionnée, Villemer mit dans ces deux chants tout ce que son âme contenait d'amour pour la Patrie et de haine contre ceux qu'il a vus souvent de près sur les champs de bataille. Mais alors, son vers, bien qu'empreint d'une grande énergie, décèle encore l'inexpérience ; il va bientôt se transformer et, tout en conservant sa vigueur, revêtir cette forme élégante et pure qui restera désormais la marque de son talent. Aujourd'hui, son vers bien frappé, harmonieux et puissant, gronde comme la foudre qui ébranle l'atmosphère, brille comme l'éclair qui déchire la nue, et coule majestueux, irrésistible, comme le Rhône sur les bords duquel le poète, dans son enfance, essaya ses premiers pas.

Villemer peut prétendre à la place laissée vacante par la mort de Pierre Dupont. Dans cette Académie populaire qui s'appelle la Chanson, nul plus que lui n'était apte à lui succéder.

Même nature, même cœur, mêmes amours : les champs, le peuple et la Patrie. L'auteur d'*Alsace-Lorraine* est bien l'héritier et le continuateur du chantre des *Paysans*, qui fit aussi la *Chanson des Nations* et le *Chant des Soldats*, et à qui une condamnation à sept ans d'exil à Lambessa vint apprendre comment le successeur de Napoléon Ier entendait protéger les lettres et faire fleurir la liberté.

La muse de Villemer ne se soucie pas de ciseler l'or fin des bijoux, elle préfère fondre l'acier et forger le fer; elle s'entend mieux à combattre et à labourer qu'à sertir le diamant ou chiffonner la dentelle.

Mais n'anticipons pas et, avant de compléter l'étude du chansonnier, esquissons rapidement la physionomie de l'homme.

Villemer est né dans le département qui a donné au Gouvernement de la Défense nationale quelques-uns de ses plus intrépides soldats. — La Normandie sait (et l'ennemi l'a appris en mainte rencontre) comment se battaient les enfants de l'Ardèche. — Il est le compatriote des frères Montgolfier, ces Siamois de génie unis par la

double fraternité du sang et de la
science, qui illustrèrent leur siècle et
leur ville natale, Annonay, par une
des plus grandes découvertes des temps
anciens et modernes, l'aérostation.

Comme ses illustres concitoyens, Villemer pourrait prendre pour devise ce
vers du poète :

Sic itur ad astra.

La Révolution de 1848 le trouva aux
prises avec sa nourrice, dont il conserve
pieusement la peau dans son cabinet de
travail. Ne vous effrayez pas, lecteurs,
c'était une chèvre; elle lui servit, —
comme autrefois Amalthée à Jupiter, —
de pis-aller... (Pardon !)

Du reste, nerveux à l'excès, il semble
que son caractére et son tempérament
se soient ressentis de ce genre d'allaite-
ment, mis à la mode il y a quelques siè-
cles par le fils de Saturne.

A dix-sept ans, poussé par l'amour du théâtre, Villemer débutait à *Montparnasse* — naturellement — où il but sans doute à la fontaine *Castalie*.

Pendant quatre années, sa vie offre peu d'intérêt, car ce fut seulement au bout de ce temps qu'après quelques créations à l'Ambigu-Comique, il contracta un engagement pour le Caire. Il ne voulut pas quitter ces pays féeriques sans prendre le bâton du voyageur ; et, son engagement expiré, grâce à la protection du Vice-Roi, il visita successivement la Syrie, Jérusalem, le Liban, la Circassie, la Perse, et revint en Egypte, où il remonta le Nil jusqu'à sa troisième cataracte; il a connu le simoun et traversé le désert pendant cinquante jours, à dos de chameau. L'espace ne nous permet pas de retracer ses aventures et ses dangers qu'il a racontés lui-même dans un livre plein d'humour.

Il s'embarqua enfin pour la France et entra au théâtre du Palais-Royal dans les premiers mois de 1870.

Quelques temps après, la guerre éclata ; il s'engagea dans les francs-tireurs, et la paix signée, revint au théâtre.

Les malheurs de la Patrie avaient laissé dans son cœur une impression profonde, et lui inspirèrent bientôt les deux chants qui ont commencé sa réputation et auxquels succédèrent rapidement *le Cheval du Cuirassier*, — *la Marseillaise des Travailleurs*, — *le Drapeau des Morts*, — *le 3ᵉ Zouaves*, —*Belfort*, — *Strasbourg attend!* — *Châteaudun*, — *la Ville morte*, — *la Vraie Revanche*, — *la Mère de Wissembourg* (un drame en vers d'une vigueur remarquable). Puis il fit en collaboration avec Delormel, un poète-soldat comme lui : *les Drapeaux brûlés*, — *la Mendiante de Strasbourg*, — *une Chanson Française dans un Cabaret*, — *Cambronne*, — *Marchez, mes Bœufs!* — *Comment on aime la France*, — *le Fou de la Saint-Gilles*, — *la première Leçon d'Allemand*, — *la Lettre de France*, — *le Noël des Soldats*, — *Ne dansez plus, des Français dorment là!*—

la Fille d'Auberge, — *le Jour des Rois,* —
l'Enfant de Paris, — *le Maître d'Ecole,* —
le Chien du Sergent, — *la Lettre de l'En-*
fant, — *les Marins du Vengeur,* — *Une*
Tombe dans les Blés, etc., etc.

Villemer ayant enfin trouvé sa voie,
quitta le théâtre pour se consacrer ex-
clusivement à la littérature.

Mais, s'il sait émouvoir, il n'oublie
pas qu'il est Gaulois et, qu'à ce titre, le
franc-rire est de son domaine. — On se
souvient du charmant répertoire de Madame Théo, sorti tout entier de la plume
joyeuse et ensoleillée des deux jeunes
auteurs, Villemer et Delormel : *la Rieuse,*
— *Coquin de Printemps,* — *Je suis grise.*
— *la Peureuse,* — *Polisson d'amour !* —
Un Coq en jupons, etc. Aussi l'étoile du
théâtre de la *Renaissance* se souvient-
elle toujours de ces productions char-
mantes qui ne tardèrent pas à la poser
en émule et en rivale de Judic.

Pourquoi la romance, ce poëme du
cœur tant aimé de nos mères, a-t-elle

déserté le Café-concert? Nos lecteurs connaîtraient Villemer sous une autre forme.

Il semble qu'il ait hérité parfois du sentiment exquis de Murger; le public se souvient, peut-être, de ces douces élégies : *Elle aimait le Lilas,* — *Adieu Mignonne,* — *le dernier Rendez-vous,* — *la première Neige,* etc. — qu'on dirait autant de pleurs tombées au souvenir de la Musette envolée.

A ceux qui connaissent ses œuvres, il serait superflu de parler de son esprit et de son cœur; — disons seulement que s'il ne régnait pas au Café-concert, il trônerait au *Tintamarre*; — la charge et la scie n'ont pas de secrets pour lui, — et que dans ses mains, quand le plaisir ou le malheur le sollicitent, l'argent n'est pas un métal, mais un liquide que ses doigts, toujours entr'ouverts, sont impuissants à retenir.

Villemer demeure à Neuilly, dans un

nid de feuillage, car il aime la verdure
et le soleil comme un lézard. Ainsi que
l'auteur de *la Floride*, il n'a qu'un ennemi, c'est l'hiver.

JULES RUEL.

DELORMEL

DELORMEL

« ... Poëte et Français, j'aime à vanter la France. »

CASIMIR DELAVIGNE.

«Les classiques du peuple ce sont les chansonniers.»

JULES CLARETIE.

Le sentiment national enffammait tous les cœurs ; Paris, exalté, fiévreux, plein d'une patriotique ardeur, réclamait sa part dans le devoir commun et se préparait à lutter pour la défense suprême.

C'est à ce moment qu'un jeune homme, un inconnu, Lucien Delormel, se fit l'éloquent interprète de la pensée puplique qu'il traduisit en strophes ardentes, devenues rapidement populaires sous ce titre : LIBERTÉ.

Ce fut une vive émotion lorsque, de sa voix vibrante et chaude, Mlle Elise Duguéret, de l'Odéon, vêtue de blanc, une cocarde tricolore dans les cheveux, vint pour la première fois, au théâtre de la Porte-Saint-Martin, déclamer ces beaux vers devant une salle comble.

Le succès fut tel que, pendant le siége, la vaillante artiste dût les répéter dans chacune des représentations organisées alors pour venir en aide aux misères qui grandissaient chaque jour ou pour faciliter quelque utile création.

C'est ainsi qu'au mois de Décembre 1870, une grande représentation fut donnée au Cirque national et que le bénéfice produit servit alors à la fonte d'un Canon que l'on baptisa *Liberté*.

A une autre de ces représentations le dimanche 30 octobre 1870, à la salle Herz — Mlle Duguéret venait de

dire *Liberté* aux acclamations de l'audi-
toire, qui réclamait avec insistance l'auteur. Quelques minutes après, les artistes
qui avaient pris part à cette matinée
amenaient sur la scène un jeune homme
tout ému, revêtu de l'uniforme de la
garde mobile de la Seine, et les acclamations redoublaient. Celui qu'on fêtait
ainsi et qui recevait un tel baptème de
bravos, c'était Delormel, garde mobile
au 4ᵉ bataillon, en permission ce jour-
là.

Le 4ᵉ bataillon tenait garnison au fort
d'Issy, et plus d'une fois, dans les concerts improvisés par nos *moblots* pour
jeter un peu de gaieté sur la monotonie
de leur vie militaire, Delormel récita
ses vers, toujours chaleureusement ap-
·plaudis par ses compagnons d'armes,
officiers et simples gardes. Ainsi, l'auteur de *Liberté* faisait partie de ces
jeunes soldats improvisés qui, luttant
de courage avec les troupes les plus so-
lides, n'abandonnèrent pas leur poste

malgré le terrible bombardement que le fort d'Issy eut à subir pendant 22 jours.

D'autres, pendant ce temps, combattaient et mouraient au Bourget, à Epinay. Tous faisaient leur devoir, et c'est à bon droit que Delormel s'enorgueillit d'avoir appartenu à la garde mobile de Paris, à cette troupe dont la bravoure eût suffi à nous mériter la victoire, si la victoire ne désertait parfois les plus saintes causes.

Après *Liberté*, le jeune soldat poète composa *Réveille-toi, Lutèce!* et la *Marine française*, qui furent accueillis par le public avec une égale faveur. Puis, la guerre finie — et finie, hélas ! par la défaite, par le démembrement de la Patrie, — Delormel reprit ses occupations journalières et se remit à aligner des chiffres dans une des plus importantes maisons de commerce de Paris.

Mais la gloire avait effleuré de son baiser de feu le front du comptable, et le souvenir du succès de *Liberté* hantait ses rêves. Entre deux additions, Delormel, qui savait par cœur Béranger, Pierre Dupont et Nadaud, rimait quelque refrain, et plus d'un correspondant reçut des factures au *verso* desquelles il pouvait lire, à son grand ébahissement, des chansons ébauchées ou des refrains inachevés.

Enfin, n'y tenant plus, Delormel, encouragé par le succès de quelques-unes de ses productions, chantées dans différents concerts de Paris, dit adieu au commerce, à ses pompes et à ses œuvres pour se consacrer tout entier à son art. Il ne tarda pas à s'applaudir de cette détermination, et la chanson française compta bientôt un jeune maître de plus.

Qui ne se rappelle l'accueil enthousiaste fait à : *République*, le *Jour des Rois*, la *Cigale Française*, les *Travailleurs*, le *Rêve du Bûcheron*, les *Martyrs de la Liberté*, les *Vendanges de la République*, le *Régiment des Ouvriers*, et à tant d'œuvres

qu'anime le même souffle démocra-
tique et qui ont fait rapidement leur
tour de France.

Delormel ne chantait pas seulement la
liberté ; il pouvait, lui aussi, dire en
parlant de la Patrie bien-aimée :

> J'ai des chants pour toutes ses gloires,
> Des larmes pour tous ses malheurs.

Sa muse célébrait le souvenir des
combats épiques dont notre terre de
France fut le théâtre, elle disait le
douloureux martyre de l'Alsace-Lorraine, exhaltait l'inaltérable fidélité de
ces deux provinces, et de nouvelles
œuvres : *Buzenval*, la *Flotte française*, la
Paysanne lorraine, l'*Oublié*, la *Mère du
Soldat*, les *Immortelles*, *Je veux mourir en
France*, le *Passeur de la Moselle*, etc., ve-
naient s'ajouter aux œuvres précédentes
et accroître encore la réputation du
jeune chansonnier républicain.

Il serait trop long d'énumérer toutes
les chansons dramatiques ou joyeuses,

satiriques ou attendries, sorties de la fé-
conde imagination de Delormel. Qu'il
nous suffise de rappeler que, seul ou en
collaboration avec Villemer — une autre
illustration de la chanson — il a tour à
tour abordé les genres les plus variés.
Si Madame Amiati, la vaillante artiste de
l'Eldorado, doit aux deux poëtes colla-
borateurs ses créations les plus émou-
vantes, c'est à eux aussi que Madame
Théo, la gracieuse étoile de la *Renaissance*, doit le répertoire qui lui a valu
tant de légitimes bravos.

Après le *Maître d'École alsacien*, la
Sainte-France, l'*Histoire du Drapeau*,
Une Tombe dans les Blés, la *Rançon*, les
Pompiers, etc., ils écrivaient la *Fille à
Papa*, *Je suis grise*, la *Sensitive*, la
Frileuse, *Un petit extra*, etc.

Le genre gracieux ne leur doit-il
pas aussi ses plus mélodieuses inspira-
rations avec les *Regrets de Mignon, Bon-
jour Printemps ! Adieu Patrie !* et Mme
Chrétienno et Vialla n'ont-ils pas trouvé

leurs plus vigoureuses créations dans le *Paysan et la Liberté*, *Jeanne d'Arc*, *Cambronne*, le *Bataillon des Généraux*, la *France-Soldat*, le *Chant des Peuples*, *Beaurepaire*, etc.? Il faut nous arrêter au milieu de cette longue énumération.

Rappelons seulement avant de finir quelques uns des joyeux vaudevilles qu'à fait éclore le talent si multiple de Delormel et de son collaborateur Villemer :

Souviens-toi de Clémentine! la *Bergère de Bougival*, le *Professeur de Tyrolienne et le Colosse de Rhodes* sont toutes de vives et spirituelles bouffonneries qui font présager un auteur dramatique d'avenir.

Delormel est maintenant en pleine possession de son talent. Sa forme, d'abord hésitante, indécise, comme celle de tout débutant, a gagné chaque jour en précision, en fermeté, et on aurait quelque peine à reconnaître l'auteur de

Mon Oscar — un péché de jeunesse! — dans l'auteur de la *Lettre de l'Enfant* et de tant d'œuvres populaires.

Disons, pour compléter cette courte étude biographique, que Delormel est âgé de vingt-sept ans, qu'il est blond et que, si la marâtre nature ne lui a pas précisément donné la chevelure de Samson (n'allez pas croire qu'il est chauve, au moins !), en revanche, elle l'a doté d'une barbe qu'il tortille fébrilement entre ses doigts, tourmenté qu'il est toujours par l'inspiration, cette *folle du logis*.

Delormel aura cet incontestable mérite d'avoir compris que la chanson, si elle devait parfois provoquer le fin sourire ou le gros rire, pouvait aussi faire naître de salutaires pensées. Sans craindre la raillerie ni les sarcasmes des impuissants, il a mis bravement son talent au service de la vérité, — cette déesse trop souvent outragée, — et, glorifiant les héros, chantant la Patrie et la Liberté,

célébrant les humbles et les oubliés,
il a toujours combattu le *bon combat*.

C'est là son originalité et ce sera un
jour sa gloire.

Le répertoire de Delormel comprend
aujourd'hui plus de deux cents chansons, parmi lesquels il en est au moins
cent de dramatiques ou de sérieuses.
L'auteur de *Liberté* termine en ce moment—en collaboration avec Villemer—
un volume de poésie qui paraîtra sous
ce beau titre : *Patrie*.

Nous avons eu la bonne fortune de
lire quelques-unes des pièces de vers
qui composeront cet ouvrage et nous
ne craignons pas de prédire un nou-
veau et légitime succès aux deux sympathiques poëtes auxquels cette étude
biographique est consacrée.

ANGE PITOU

Imprimé par L. Hugonis

PHOTOGRAPHIE

GASTON & MATHIEU

40, Boulevard Bonne-Nouvelle

(A Côté du Gymnase)

SPLENDIDE COLLECTION DES ARTISTES
DE PARIS

Mmes JUDIC, THÉO, PESCHARD, THÉRÉSA,
BLANCHE D'ANTIGNY,
DESCLAUZAS, PAOLA MARIÉ, AMIATI,
JULIETTE BAUMAINE,
CHRÉTIENNO, RIVIÈRE, ETC.....

NOTA. — Les deux belles Photographies de MM. Villemer et Delormel, qui ornent cette étude biographique, sont dues à MM. Gaston et Mathieu, deux véritables artistes que nous ne saurions trop recommander à nos lecteurs.